MW00380291

Made in the USA
San Bernardino, CA
04 December 2019

60902729R00062